みんなのたあ坊の菜根譚

英語訳／石紀美子　中国語訳／周重雷

『みんなのたあ坊の菜根譚』新装版によせて

 この『みんなのたあ坊の菜根譚』は今から11年前に、今も昔も大切な言葉をみんなのたあ坊がわかりやすく伝える本を作ろうと、たあ坊の生みの親である島末彰子さん、伊藤保人さん、清水美衣さんたちと意見を出しあい、人々がいつも身近に置いて、時々開きたくなるような一冊として出版したものです。
 当時、私たちの想いは大人から子供まで多くの人に受け入れられて版を重ね、続編の賢人訓、哲人訓、先人訓もたいへん好評を博しました。シリーズ累計70万部発行、一部は英語、中国語に翻訳されて日本だけでなく海外の方にも読まれるまでになりました。

その『みんなのたあ坊の菜根譚』を今ここで、新装版として出版することにした理由ーそれは、世界各地で終わることのない戦争や紛争が繰り返されている現状への憂いと問いかけです。

私たち人間が本当に大切にすべきことは何なのか、一人でも多くの人によく考えてもらいたい。この本はそのきっかけになってくれます。今回は一冊の中に日本語だけでなく、英語、中国語の訳を入れることで、より多くの人々に読んでもらえるようにしました。

ぜひ、この本の言葉一つ一つをじっくり考えながら読んでみてくださいね。

二〇一五年十二月

辻　信太郎
（株式会社サンリオ社長）

この「みんなのたあ坊の菜根譚」は、中国の古典である「菜根譚」を参考に、独自に構成編集したものです。

今も昔も大切な100のことば

はじまるよー

It's so nice to have a friend to talk to.
有可以说心里话的朋友，真好。

悩みを打ち明けられるともだちがいる。
いっしょに喜んでくれるともだちがいる。
そんな心から話しあえるともだちがいるって
しあわせなこと。

Remember to say "Thank you".
记得对帮你忙的人说声谢谢。

感謝の気持ちを伝えるのは大切なこと。
何かをしてもらったらありがとうと言おう。
相手の人も自分の気持ちが伝わったんだと
とてもうれしくなるはず。

Try to understand other people's pain.
要体会别人的苦痛。

だれだって、つらいときや悲しいときがある。
いつも相手の立場に立って考えてあげよう。

Let others go first.
自己先给对方让路。

せまい道では、自分が一歩下がって
人を先に通してあげよう。
長い目で見れば道を一歩譲ることなんて
たいしたことではないのだから。

Cherish your father and mother.
要尊敬父母。

お父さんお母さんがいてくれたからこそ、
今の自分がある。
親を尊敬し、感謝の気持ちを持ち続けよう。
親子のきずなを大切に。

Brothers and sisters should help each other.
兄弟姐妹互相爱护，和睦相处。

笑ったり泣いたり、けんかしたり遊んだり、
いつもいっしょに過ごしてきたきょうだい。
いつまでも助けあって、なかよくしていこう。

Laugh, laugh!
笑口常开。

笑っている瞬間って、ちから入らないよね。
緊張もできないし、ケンカもできない。
みんながいつも笑っていれば、世の中は平和だ。

Don't complain. Do something.
不要光发牢骚，快快行动起来。

文句ばっかり言っていたって、
ちっとも先に進まないよ。
まずは行動を起こさなきゃ。

**If you plant seeds,
they will bear fruit one day.**
有耕耘，就有收获。

少しずつでいいから成長の種をまこう。
人の話を聞いたり、本を読んだり。
それがいつかは実をむすぶ。

Express your feelings out loud.
只想不说,别人怎会理解你的心情?

目と目で通じあえる。
理想だけれど、それが誤解のはじまり、ってことも。
「ありがとう」「ごめんね」「愛してる」・・・
ことばにしなきゃ伝わらない。

Life is wonderful
because it's full of surprises.
正因为对前途一无所知,所以才有惊喜。

平凡に思える毎日に、
突然、ラッキーなことが起こるかもしれない。

Don't be too proud of your success.
有点成功也不要得意洋洋。

うまくいったからといって
調子にのっていると失敗するよ。
うまくいったときこそ、気をひきしめていこう。

Let's make lots of good memories.
学会创造美好回忆。

今日のできごとも明日になれば想い出になる。
想い出はとても大切なもの。
その日その日が心あたたまる想い出となるような
すてきな毎日をおくろう。

There are more important things than money or status.
多想想比金钱地位还重要的事情。

お金や地位があっても
いばっていれば尊敬されない。
お金や地位がなくても
謙虚であれば軽べつされない。

If you fall, just get up.
在哪里跌倒,就从哪里爬起。

ころんだら起きるだけ。
でも、起きる気がなきゃ起きられない。

Don't fight over trivial things.
不为小事吵个没完。

ささいなことで言い争うことは
時間のムダ。やめよう。

If you try a little at a time, you can do it.
一步一个台阶,从点滴做起。

一度にたくさんはがんばれなくても、
少しずつならがんばれる。
階段を一段一段ゆっくりのぼるように
少しずつがんばってみよう。

**If you get lost,
go back to where you started.**
迷途知返，从头来过。

はじめにもどるって勇気がいるけど、
迷ったときには、大切なこと。
別の見方がみつかるかもしれない。

Every day is a new discovery.
每天都有新发现。

アルキメデスやニュートンみたいな
大発見はできないかもしれない。
でも、毎日ひとつでいいから
新しいものをみつけてみよう。
それが、自分の心の栄養となってくれるから。

Don't judge a person from the outside.
不要只凭外表看人。

人は外見だけで判断してはいけない。
もっと内面まで見てみよう。
カエルが王子さまだったっていうお話もあるよ。

It may be easier than you think.
走出一步,也许会发现一切都很简单。

こんなことできないよって決めつけてない?
何ごともやってみなけりゃわからない。
とりあえずチャレンジしてみよう。
結構かんたんかも。

Let's be friendly to everybody.
跟大家友好相处。

人はひとりでは生きられない。
だから、みんなとなかよくしよう。
みんなと愛しあい、信じあい、
尊敬しあって生きていこう。
それが本当のしあわせ。

First finish what you don't want to do.
麻烦的事，更要尽快动手去做。

いやな仕事は、つい後まわしにしがち。
どうせやらなきゃいけないことなら、
さっさとかたづけてしまおう。
気分もすっきり、次のことに取りかかれる。

Don't neglect small things.
不放过任何细微的事。

どんなに大きな豪華客船でも、
小さな亀裂から沈没してしまうこともある。
ささいなことでもおろそかにすると、大失敗するよ。

Let's all become warm hearted.
成为一个有着温暖爱心的人。

あたたかい心を持つ人は
周囲にやさしくできる人。
そんな人のまわりには
たくさんの人々が集まってくるもの。

If you're too close, you can't see clearly.
当局者迷，对什么都要有距离感。

親友だったのに、ちょっとした行き違いで
仲が悪くなる、なんてことも。
でも、はなれてみると、
相手の気持ちもよくわかるはず。
そう、近すぎるとかえって見えないこともある。

Keep challenging yourself
to do something new.
常常挑战新事物。

新しいことに挑戦すると、
今まで知らなかった世界に出会える。
現状に満足してないで、
どんどん新しいことに挑戦してみよう。

Take the time to listen to others.
注意倾听对方的意见。

ふと気づいたら、
自分だけが一方的に話してるってことはない？
ちょっとひと休みして、相手の話も聞いてあげよう。
きっと勉強にもなるよ。

Greet people with a smile.
与人微笑着打招呼。

あいさつは人とのコミュニケーションのはじまり。
だまったままでは、相手に何も伝わらないよ。
まず、自分から明るい笑顔であいさつしよう。

Be moderate in all things.
做什么都应该有分寸。

過ぎたるはなお及ばざるがごとし。
何ごとも度を超えては、足らないのと同じこと。
ほどほどがちょうどいい。

Don't force your opinions on others.
别把自己的想法强加于人。

自分にとってのいいことが、
相手にもいいとは限らない。
アドバイスするのはいいけれど、
自分をおしつけてはいけないよ。

I'm happy that you're happy for me.
多多和别人分享快乐。

いいことがあったとき、
いっしょに喜んでくれる人がいるとうれしい。
喜びはみんなで分かちあおう。

Take a look from a different angle.
看一件事要试着从各种角度来看。

どんな問題でもいろいろな側面をもっているもの。
行きづまったり、解決の方法がわからなくなったら、
気持ちを切り替えて、別の方向から考えてみよう。

Don't forget what others have done for you.
切莫忘恩负义。

自分が人にしてあげたことは
恩着せがましくおぼえていなくてよい。
でも、受けた恩は忘れちゃダメ。

Don't make the same mistake again.
不在同一块石头上绊倒。

前の失敗を教訓にして
同じことをくり返さないようにしよう。

Maybe you already have enough.
知足者常乐。

もっと服がほしい。あたらしい形のバッグがほしい。
ちょっと待って。本当に必要なのか考えてみよう。
欲をだせば、きりがないよ。

Don't worry too much.
不要杞人忧天。

ものごとに気を配ることは大切なこと。
でも、とりこし苦労ということばもあるように、
まだ起きてもいないことを
心配しすぎるのはよくない。

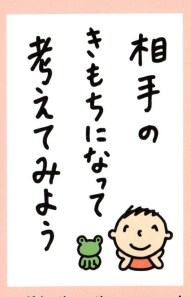

Put yourself in the other person's shoes.
站在对方的立场上看问题。

自分の立場だけで考えていたら、
いつまでも相手の気持ちが理解できないし、
わかりあえることはない。
相手の気持ちになって考えてみよう。

Honest friends are true friends.
直言批评自己的才是真正的朋友。

やさしいだけがともだちではない。
悪いところや直したほうがいいところを、
きちんと言ってくれるのが本当のともだち。
友情はおたがいを高めあうものだから。

Everyone has some talent.
天生我材必有用。

みんな才能を与えられて生まれてくる。
でも、何もしなければ、
その才能を生かすことはできない。
金メダルは猛特訓の成果なのだ。

Always feel you can still do more.
不要自满,继续向前。

これで満足、と思ってしまっては、
歩みは止まってしまう。
まだまだ、と思う気持ちが
自分自身を成長させてくれる。

A wounded heart will heal one day.
时间可以治愈心里的创伤。

心のキズもいつかは治る。
だから、そんなに悲しまないで
時がたつのを待とう。

Don't try to be something you're not.
不能打肿脸充胖子。

ムリをして背伸びしたり、
カッコつけたりすることはない。
自分の気持ちに素直になることが大切。

Practice makes perfect.
滴水穿石，坚持就是胜利。

つらくて大変なことでも
途中で投げ出さず続けていこう。
継続は力なり。

There will be other opportunities, lots of them.
条条大路通罗马。

世の中、チャンスはいっぱいころがっている。
あそこにも、ここにも。
でも、つかむ気持ちがなければ、みつからない。

If you're going to do it anyway,
enjoy yourself.
保持愉快的心情。

どんなことも、イヤイヤやっては身につかない。
どうせやるなら、
前向きな気持ちで取り組んでいこう。

Be frank. You'll have
a better chance of being understood.
以诚相待,别人会理解你的。

相手と話がうまく通じないことってある。
そんなときは、あきらめないで
自分の気持ちを素直に相手に話してみよう。
きっとわかってもらえるから。

Let others take the credit;
you take the blame.
功绩让给别人，责任留给自己。

うまくいっても、手柄をひとりじめしない。
うまくいかなかったときは、
責任を人におしつけない。

Start with what you can do.
千里之行，始于足下。

夢をかなえるためには、何をすればいいんだろう。
千里の道も一歩から。
まず、目の前にあるできることからはじめよう。

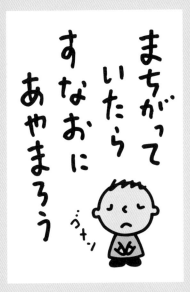

Say you're sorry when you're wrong.
勇于承认错误。

誰だってまちがえることはある。
まちがいに気づいたら、
素直にみとめてあやまろう。
きっと相手もゆるしてくれるから。

Sympathy.
学会原谅别人。

人として一番大切なものは、
恕（思いやり）。

Endless patience.
要有忍让和忍耐的精神。

祖父母親子兄弟姉妹が
みんななかよく睦まじく暮らすには、
ただ、「忍」。

Make a little effort each day.
每天都不懈地努力。

日々の努力は、草木に毎日水をまくようなもの。
水をやらなければ、やがては枯れてしまう。
小さなことでも毎日こつこつとやっていこう。
やがてきれいな花が咲き、大きな実をつけるはずだ。

Always be considerate.
有一颗善心，多替别人着想。

たとえ相手が何もしてくれなくても、
思いやりの心は持ち続けよう。
いつかはその心が相手に伝わり、
ふたりの友情をはぐくんでくれるから。

Let's read books.
多读书，读好书。

テレビばかり見てないで本を読もう。
本はくり返し読んで
感動を何度でも味わうことができるし、
電車の中だって読める。

Have peace of mind.
有一个恬淡悠然的心境。

どんなにお金があっても、
心の満足はえられない。
つつましいながらも、
心にゆとりのある生活をしたいもの。

The full moon will wane.
So stop before you reach your peak.
盈满则亏，做什么都应留有余地。

いつも全力を出し切っていたのでは余裕がない。
どんなことも、余力を残して取り組んだほうが、
うまくいくし長続きする。

Take responsibility for your decisions.
对自己决定的事情负责到底。

うまくいかないからといって、
途中で投げ出してはダメ。
人から言われて決めたんじゃない。
決めたのは自分自身なのだから。

Remember,
everyone does things differently.
人各有志，不必強求。

同じ答えにたどりつくにもいろいろなやり方がある。
自分のやり方を人に強制したりしてはいけない。
人それぞれのやり方があるのだから。

Decide what the most important thing is.
弄清什么才是头等重要的事。

何をすればいいのかわからない。
どうしたらいいのかわからない。
そんなときは、まず
何が一番大事なことか考えてみよう。

Where there's a will, there's a way.
有干劲就必能上进。

何ごともやる気が肝心。
やる気がなければ進歩しない。
やる気があれば前進する。

Be kind to others.
善待他人。

人には親切にしよう。
親切にするっていうことは、人を思いやること。
そして、その思いやりの心を
態度でしめすことがとっても大切。

Take a walk in nature.
多在大自然中漫步。

誰だって悩むことがある。
そんなとき、自然の中を歩いてみるのがいい。
きっと心が洗われるよ。

Don't expect anything in return.
做了好事，不求别人的回报。

人にしてあげたことを喜んでもらえたら、
それだけで十分うれしい。
おかえしなんて期待しない。

Be hard on yourself and easy on others.
严以律己，宽以待人。

自分のことは甘やかさずに、
いつもきびしくしよう。
でも、人にはやさしくしたい。

Don't forget your purpose.
别忘了自己最初的目标。

何をするにしても、
その目的を忘れてしまっては意味がない。
何のためにやっているのか、その意識が大事。

Share the good things.
记得有好处一定跟大家分享。

何ごともよくばりすぎるのはよくない。
どんなにいいことがあってもひとりじめしないで、
みんなに分けてあげよう。
人を思いやるやさしさが大切。

Don't pretend to know everything.
不要不懂装懂。

よくわからないのに
知ってるふりをするのはいけないよ。
知らないことは知らないとこたえよう。

Stand up for justice.
人不能没有正义感。

弱者の立場から考えてあげよう。
たとえ強い相手でも、
まちがっていたら、正々堂々立ち向かおう。

You need some quiet time.
每天找时间静下心来面对自己。

毎日目の前の忙しさに追われていると
本当に大切なことを見失ってしまうことがある。
心を静かにし、
自分と向きあう時間をもつことが大切。

Don't give up too soon.
即使暂时不顺利,也不轻易放弃。

つらいときこそ、自分を励ましがんばろう。
それを乗り越えたときの喜びは大きい。

Don't boast.
夸耀自己的功绩是不明智的。

よいことをしてほめられても
それを鼻にかければ、帳消しになる。

Think before you act.
行动之前应深思熟虑。

思いつきで行動して、
あとから後悔することってあるよね。
よく考えて行動すれば、きっとうまくいくよ。

Find happiness in everyday life.
平凡的每一天里都有平凡的幸福。

人とちがったことをすれば
目立つかもしれないが、
かえってあきられたり、
いやがられたりすることもある。
平凡と思える毎日にもしあわせがある。

It's never too late.
想做的事,从现在开始动手也不晚。

今さらやっても・・と思ってたら成長できない。
あきらめない気持ちが大切。
今からでもおそくない。何にでも挑戦しよう。

Don't do to others
what you wouldn't like done to you.
己所不欲，勿施于人。

自分がしてほしくないことを人にすれば、
相手はいやな気持ちになる。
だったら、しない。それが思いやり。

Respect other people's opinions.
要尊重他人的意见。

自分の意見にこだわりすぎて、
人の意見をムシするのはよくない。
人の意見も尊重していろいろと判断しよう。

**Behave yourself
even when no one is watching.**
即使没人在旁，也不做坏事。

人は見ていなくても、
自分が自分を見ているよ。
自分にウソをつかない
強く正しい心を持とう。

Don't be too tight fisted.
做事要有节有度，适可而止。

倹約は美徳。
でも、度がすぎるとケチになる。

Don't be afraid of failing. Keep on trying.
不惧怕失败，勇于挑战艰险。

失敗から学ぶことはたくさんある。
大切なのは、チャレンジする気持ち。

Have confidence in yourself.
擁有自信心,走自己的路。

自信とは自分を信じることから生まれる。
自分を信じて前進しよう。
必ずや道は開ける。

Don't be shy. Express yourself.
有话就直说，别害羞。

恥ずかしがっていては、
自分の気持ちは伝わらないよ。
何らかのかたちで表現することが大切。

Don't take what others say too seriously.
不要太在乎别人怎么说你。

ほめられても有頂天にならない。
けなされても気にしない。
自分をしっかりと持っていれば、
まわりに振り回されることはない。

Find something to praise in others.
学会称赞和鼓励人家的长处。

だれにでも必ずいいところがある。
相手のいいところをほめてあげれば、
その人はもっと伸びるはず。

Keep your promises!
一言既出，驷马难追。

約束をやぶれば、
人との信頼関係がこわれてしまう。
だから約束したことはちゃんと守ろう。

Be positive.
是苦还是乐，看你怎么想了。

登山の中間地点で「あと半分」と思うのと
「まだ半分」と思うのでは気分的に大ちがい。
何ごとも、心の持ち方ひとつで
楽しくもなり、つまらなくもなる。

Don't show off your talent.
不要太夸示自己的才能。

どんなにすてきな才能があっても
つつしみ深く生きてほしい。

Be modest.
保持谦虚的心情和态度。

うまくいったからといって、
自慢ばかりしていると、
人にいやがられるよ。
いつまでも謙虚な気持ちを忘れずに。

Choose your associates wisely.
近墨者黑，不要选错了朋友。

まじめな人とつきあえばためになるが、
口先だけの人とつきあってもためにならない。

You're best at what you like to do.
感兴趣才能成为高手。

好きこそ物の上手なれ。
好きなことは、時間を忘れ、
熱心に励むから上達もはやい。
自分の好きなことをみつけてみよう。

Always get along well with your family.
全家人和和美美过日子。

この世の中で一番大切なことは
親子兄弟がいつもなかよく暮らすこと。

Treasure old friends.
不要忘了老朋友。

古くから喜び悲しみを分かちあい、
励ましあってきたともだち。
そんなともだちがいるってしあわせなこと。
大切にしよう。

Small good things, not small bad things.
不容小恶，不吝小善。

どんな小さなことでも
悪いことをしてはいけない。
どんな小さなことでも
善いことはしなければならない。

Always stay calm.
要有一个冷静的头脑。

おこったり泣いたり、感情的になると
まわりが正しく見えなくなってくるもの。
いつも冷静な心でものごとに対処すれば、
まちがいは起こりにくい。

Tough times make you stronger.
历尽磨难才会让人坚强。

だれでも楽はしたい。
ただ楽ばかりしていると、
小さなハードルさえ越えられなくなる。
苦労を乗り越えてこそ、人間として成長できるのだ。

Let go of a problem and move on.
不需要为已经过去了的事烦恼。

いつまでもひとつのことに
とらわれるのはよそう。
スパッと頭を切り替えて、
次に進むことも大切。

Hold on to your dreams.
千万别忘记自己的梦想。

この世の中、自分の思い通りに
いかないことがいっぱいある。
でも、夢を忘れず努力していこう。

Each day is precious.
珍惜生命中的每一天。

人生は短い。
あたたかくやさしい思いやりを忘れずに、
一日一日を大切にすごそう。

Stay young at heart.
保持一颗年轻的心。

人は希望と情熱を
なくしたときから老いが始まる。
心は若く、つねに
自信と希望を持って生きていこう。
若さは年齢じゃないよ。

Life is precious.
无论如何，生命都是最宝贵的。

生きていると、
つらいことやいやなこともあるけれど、
楽しいことやうれしいこともいっぱいある。
生きていることはすばらしい。

あとがき

孔子の教えとされる儒教の中に〝五倫の教え〟というものがあります。
「父子親あり、君臣義あり、夫婦別あり、長幼序あり、朋友信あり」
また、『菜根譚』の原文にも「父慈子孝、兄友弟恭」ということばがあります。これは、この世の中で最も大切なものは、親子兄弟の情愛であり、親は子を愛し慈しみ、子は親に孝養を尽くし、兄姉は弟妹をいたわり、弟妹は兄姉を敬うことだという意味です。

現代の人々は、この修身の第一章を忘れてしまったのではないかと思います。そのことは、企業が利益追求に走ったり、マスコミが視聴率や売上部数にこだわっていることに表れており、そのうえ、日々、悲しい

ニュースが多く報道されています。また、世界各地で起こっているテロや戦争も、一向に終わる気配をみせません。

ちょうど今から2500年も昔に、中国の孟子（もうし）はこう言っていました。

「如何（いか）なる戦争にも正義はない」と…。

今日ここに『みんなのたあ坊の菜根譚』を出版したのは、このような時代の中で生きていく上でこの本がほんの少しでも役に立ってくれることをひたすら願う気持ちからです。この本の出版にあたっては、たあ坊の生みの親である島末彰子さんがイラストを描き、伊藤保人さん、島末彰子さん、清水美衣さんがわかりやすい文をつけました。

三人と一緒に作ったこの本が一人でも多くの人に届くことを心から望みながら、あとがきと致します。

あとがきの続き

あとがきの続きというものはあまり聞いたことがありませんが…。

今から約60年前の第二次世界大戦時、米国軍最高司令官マッカーサー将軍がフィリピンの地下司令室から撤退後、その壁に掛かっていたのを発見されたのがサミュエル・ウルマンの『YOUTH』という詩でした。
この詩が日本に伝わり、岡田義夫さんが日本語に訳したものを、宮澤次郎さん（当時トッパンムーア株式会社社長）が『青春の会』を設立し、多くの人々に広める活動をしました。

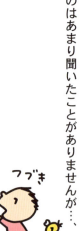

私もこの詩に感銘した一人であり、部屋にいつも飾り、知人にも読んで聞かせていたのですが、素晴らしい訳文の言葉使いが現代の若者たちには難解であったため、今回、易しい言葉で訳し直しましたので、年配者だけでなく、若い人々にもぜひ読んでいただきたいと思い、このあとがきに続きとして載せることにしました。

年齢に関係なく、この詩を心の糧として、大きな夢と希望に胸を膨らませながら生きてもらいたいと願っています。

二〇〇四年一月

　　　　　　辻　信太郎

青春

青春とは人生のある期間を指すのではなく、精神の在り方を指すのです。

優れた創造力、たくましい意志、燃えるような情熱、臆病な弱い心を打ち破る勇気、困難に負けない冒険、このような心の在り方を青春というのです。

人は年齢を積み重ねるだけで老いるのではなく、生きていく希望を失った時、初めて老いるのです。

年月は皮膚にしわを増やすが、生きる情熱をなくすと、その人の心にしわが増えるのです。

人は、七十歳であろうと、十六歳であろうと、心に変化を求め続け、万物への尊敬の念を抱き、決してへこたれず、子供のような探求心と生きる喜びを持ち続ければ、その人は青年です。

人は信念を持つことによって若々しく、
　　　　疑惑を抱き続けると老いてしまう

人は自信を持つことによって若々しく、
　　　　臆病に生きることによって老いてしまう

希望を持つ限り若々しく、
　　　　落胆して生きることによって老いてしまう

自然の美しさ、神の恵み、人間の勇気の力を偉大なものと考える限り、
人の若さは失われることはありません。

悲しみが心を覆い、深い憎しみに心を固く閉ざしてしまった時に、
人は老い、やがて神にすがるしかなくなってしまうのです。

（参考文献）
『新釈菜根譚』守屋洋／ＰＨＰ文庫

みんなのたあ坊の
菜根譚 新装版

初　　　版／2015年12月20日
8　　　刷／2025年6月10日

著　　者／辻信太郎
英　語　訳／石紀美子
中 国 語 訳／周重雷

発　行　人／辻信太郎
発　行　所／株式会社 サンリオ
　　　　　〒141-8603　東京都品川区大崎1-11-1
　　　　　電話〔営業〕03（3779）8101

印刷・製本／TOPPANクロレ株式会社
定価はカバーに表示してあります。
©1984，2015 SANRIO CO.,LTD.TOKYO,JAPAN
©2015 SANRIO CO.,LTD.TOKYO,JAPAN
Printed in Japan
ISBN978-4-387-15065-7
デザイン／島末彰子
協　　力／清水美衣
編　　集／伊藤保人
落丁・乱丁本は小社営業本部出版課までご送付ください。
送料は小社負担の上、お取り替えします。